Edward Summanen

Johanna Arpiainen

Das Familienbuch

Text: Edward Summanen

Illustration: Johanna Arpiainen

Edward Summanen

Johanna Arpiainen

Das Familienbuch

Aus dem Schwedischen übersetzt von Eno R. Liedtke

Alibri

Eine Familie kann ganz unterschiedlich aussehen. Um eine Familie zu sein, muss man nicht miteinander verwandt sein.

Es gibt keine Regeln, wie eine Familie sein soll oder wie sie entstanden sein muss. Und Eltern können auf verschiedene Art und Weise Eltern sein. Manchmal sind die Eltern ineinander verliebt, manchmal haben sie aufgehört sich zu lieben, manchmal sind sie Freund_innen, manchmal kannten sie sich fast gar nicht, bevor das Baby im Bauch anfing zu wachsen.

Manchmal gibt es eine Mama oder einen Papa,
die alleine leben,
manchmal gibt es eine Mama und einen Papa,
manchmal gibt es zwei Mamas, manchmal zwei Papas,
manchmal gibt es mehrere Mamas und Papas.
Manchmal leben alle Eltern zusammen, manchmal nicht.

Und vielleicht sind auch noch Freund_innen, Omas, Opas, Tanten und Nachbar_innen ein Teil der Familie des Babys. Ganz zu schweigen von all den Geschwistern, die es haben kann.

Geschwister können entweder groß oder klein sein. Ein Geschwisterkind kann selbst schon erwachsen sein und eigene Kinder haben, die älter sind als man selbst. Viele haben Geschwister, mit denen sie nicht zusammen leben und die sie nur manchmal oder niemals treffen.

Aber es gibt auch viele Geschwister, die in der gleichen Wohnung leben und die sich jeden Tag sehen. Ein Geschwisterkind kann die gleichen Eltern haben wie man selbst, aber das ist oft auch gar nicht so. Und dann gibt es natürlich sehr viele Kinder, die gar keine Geschwister haben.

RITVA
SVEN
KAJA
TORSTEN
DOLLY
SALLY
PATRICK
SKALMAN

In vielen Familien gibt es Haustiere, die genauso wichtig sind wie der Rest der Familie. Das können Hunde, Katzen, Ratten, Kaninchen, Schweine, Pferde oder irgendwelche anderen Tiere sein. Es gibt viele erwachsene Menschen, die nicht mit Kindern, sondern mit Tieren zusammenleben. Vielleicht haben sie zwei Hunde, die sie über alles in der Welt lieben. Es muss also keine Menschenkinder geben, um sich Familie zu nennen. Eine Familie kann auch aus einer Katze und einem Menschen bestehen.

Eine Familie kann auch aus zwei besten Freund_innen bestehen. Für viele Menschen sind die besten Freund_innen wie eine Familie.

So und wie entstehen dann Babys? Also, man braucht zwei Dinge, die miteinander vermischt werden müssen, damit ein Kind entstehen kann: Eine Eizelle und eine Samenzelle.

Wenn die Eizelle und die Samenzelle sich vermischt und es geschafft haben miteinander zu verschmelzen, sagt man, dass der Mensch, der diese Mischung im Körper hat, schwanger ist und ein Kind bekommt.

Aber es gibt da noch eine wichtige Sache, die man nicht vergessen darf: Es ist eben nicht klar wie Kloßbrühe, dass die Eizelle und die Samenzelle von den Menschen kommen, die dann die Eltern sein werden.

Viele Frauen haben Eizellen und viele Männer haben Samenzellen in ihrem Körper, aber nicht alle.

Wenn Erwachsene Kinder haben wollen, aber keine Eizellen oder Samenzellen haben, geht das auch anders. Die Hauptsache ist doch, dass sich Eizelle und Samenzelle vermischen, es spielt nicht so eine große Rolle, woher sie kommen.

Wo genau gibt es eigentlich Eizellen und Samenzellen?

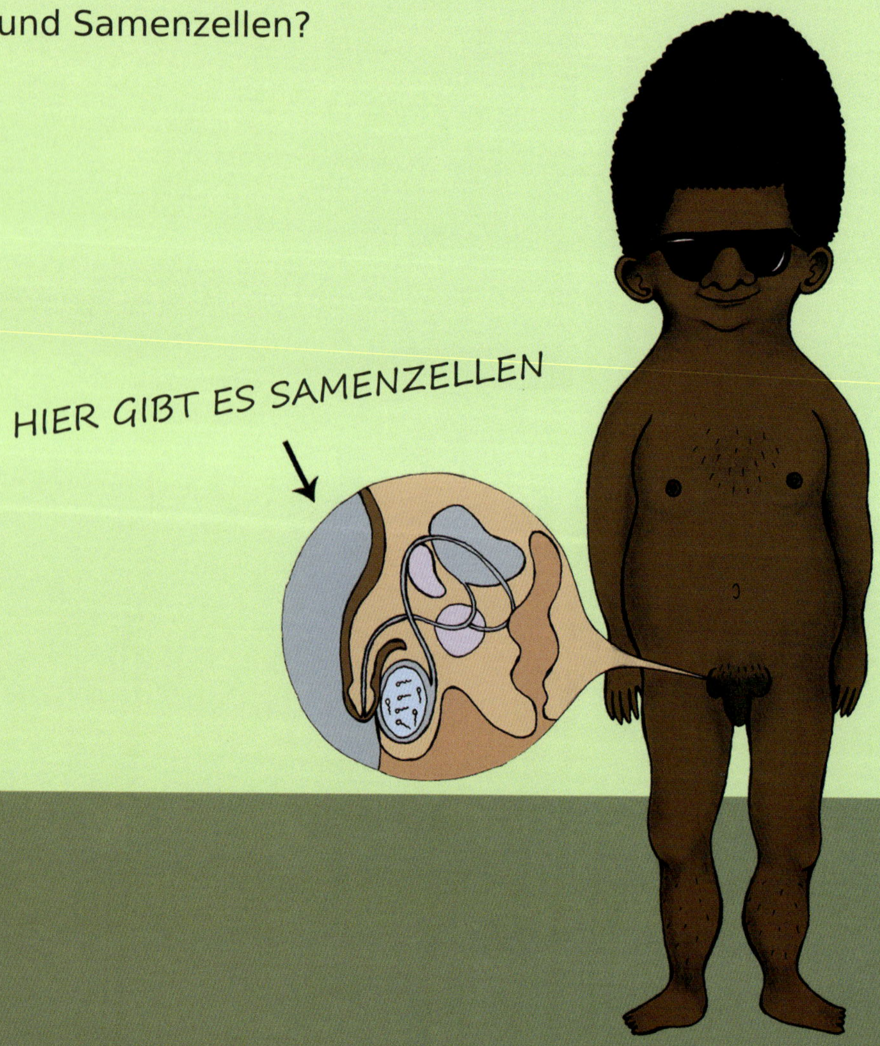

Samenzellen gibt es bei vielen Männern. Die Samenzellen befinden sich im Hoden, also in dem Sack, der unter dem Penis sitzt. Um von dort herauszukommen, schwimmen sie einmal durch den Penis und dann vorne raus.

Bei den Frauen, die Eizellen haben, findet man die Eizellen in den Eierstöcken. Die sitzen im Körper, ziemlich weit unten im Bauch. Ungefähr ein Mal im Monat ist die Eizelle bereit, sich mit einer Samenzelle zu vermischen. Dann löst sie sich vom Eierstock und hüpft los zur Gebärmutter.

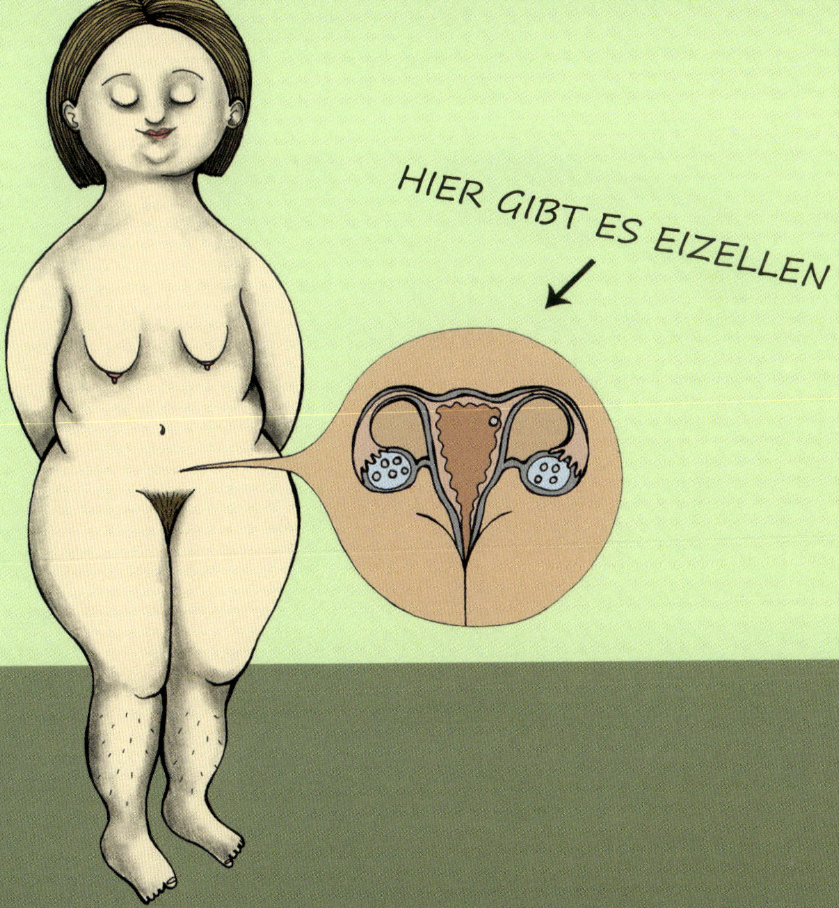

Wusstest du, dass Eizellen und Samenzellen winzig klein sind? Du kannst Samenzellen ohne ein superstarkes Vergrößerungsglas gar nicht sehen!

Mehr als ein Kind kann dann entstehen, wenn sich mehrere Samenzellen mit einer Eizelle vermischen oder es mehrere Eizellen gibt. Wenn das dann zwei Kinder sind, nennt man sie Zwillinge und drei Kinder nennt man Drillinge. Es können viele Kinder entstehen; es gab schon einmal einen Menschen, der gleichzeitig neun Babys im Bauch hatte!

Wie vermischen sich denn Eizellen und Samenzellen?

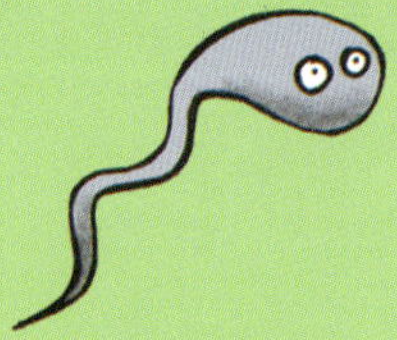

Das kann auf unterschiedliche Weise passieren.

Manchmal nimmt man die Eizelle heraus und vermischt sie mit Samenzellen in einem Labor. Dann setzt man diese Mischung entweder in die Gebärmutter des Menschen, aus dem die Eizelle herausgenommen wurde, oder in die Gebärmutter von jemand anderem.

In der medizinischen Fachsprache spricht man dann von einer Reagenzglasbefruchtung.

Wenn man auf diese Weise ein Baby macht, haben die Eizelle und die Samenzelle oft Schwierigkeiten, sich zu vermischen. Dann müssen ihnen Ärzt_innen auf die Sprünge helfen.

Eine andere Möglichkeit, Eizelle und Samenzelle zu vermischen, ist es, Sex zu haben. Wenn Erwachsene auf diese Art und Weise die Eizelle und die Samenzelle vermischen wollen, können sie zusammen nackig sein.

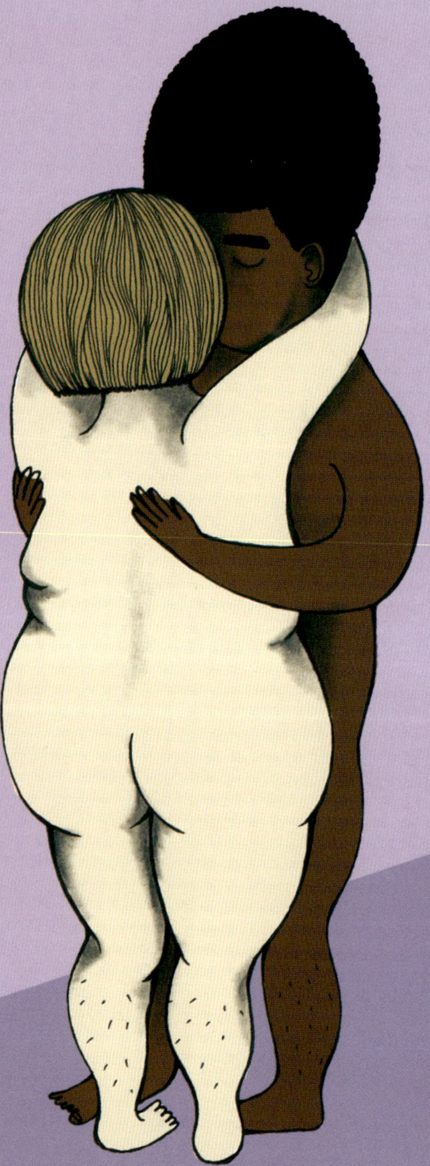

Der Penis wird von der Scheide umarmt und zur gleichen Zeit beginnt die Eizelle ihre kleine Reise zur Gebärmutter und die Samenzellen schwimmen aus dem Penis heraus. In der Scheide gibt es eine Öffnung, die zu dem Ort führt, den man Gebärmutter nennt. Das ist dort, wo die Eizelle und die Samenzelle zusammenwachsen, nachdem sie sich lange genug vermischt haben.

Es kann wichtig sein zu wissen, dass erwachsene Menschen oft Sex miteinander haben, weil sie finden, dass es sich gut anfühlt. Es entstehen nicht jedes Mal Kinder, wenn ein Mann und eine Frau Sex haben.

Manchmal liegt das zum Beispiel daran, dass die Eizelle nicht immer bereit ist, sich zu vermischen, oder wenn die Erwachsenen dafür gesorgt haben, dass sich genau dann nichts vermischen kann.

Wenn zwei Frauen, die Eizellen haben, miteinander Sex haben oder wenn zwei Männer, die Samenzellen haben, miteinander Sex haben, entstehen durch den Sex keine Babys. Auch dann nicht, wenn eine Frau ohne Eizellen oder ein Mann ohne Samenzellen Sex mit jemand anderem haben. Aber sie können trotzdem zusammen nackig sein und Sex haben, einfach weil sie es mögen, miteinander Sex zu haben.

Viele Erwachsene, die Kinder haben wollen, können oder wollen Eizelle und Samenzelle nicht dadurch vermischen, indem sie Sex haben. Vielleicht sind es zwei Frauen, die ineinander verliebt sind.

Dann können sie einen Freund um Samenzellen bitten. Vielleicht will er auch Kinder haben und Papa werden oder er will ihnen einfach nur seine Samenzellen geben und gar kein Papa sein. Das kann ganz unterschiedlich sein.

Die Frauen, die Mamas werden wollen, können auch das Krankenhaus um Samenzellen bitten. Dort werden Samenzellen für diejenigen abgegeben, die welche brauchen, um Kinder zu bekommen.

Im Krankenhaus füllt man die Samenzellen in eine Plastikspritze. Dann hilft eine Hebamme dabei, die Samenzellen in den Menschen zu spritzen, der das Kind im Bauch tragen wird. Deshalb nennt man das künstliche Befruchtung.

Es gibt nicht nur Frauen, die sich lieben und eine künstlich Befruchtung machen, das können auch eine Frau und ein Mann machen, wenn der Mann keine Samenzellen hat.

Oder eine Frau, die selbst Kinder haben will, ohne irgendeinen Papa oder eine andere Mama.

Eine andere Möglichkeit, Kinder zu bekommen, ist es, Kinder zu adoptieren. Es gibt nämlich viele Menschen, die sich nicht um ihre Kinder kümmern können. Vielleicht sind sie krank oder ganz jung und können sich nicht um ein Kind kümmern. Dann kann dieses Kind eine neue Familie bekommen, die dann die richtige Familie sein kann. Das nennt man Adoption.

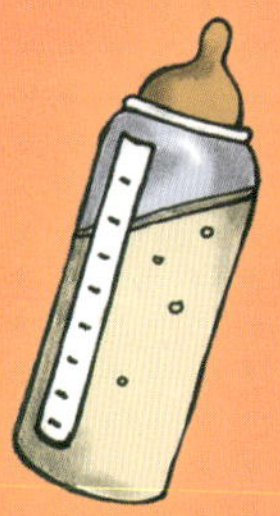

In Deutschland gibt es auch sehr viele adoptierte Kinder aus vielen verschiedenen Ländern. Wenn man adoptiert wurde, kann man in Russland, China, Indien, Äthiopien, Kolumbien oder sonst irgendeinem anderen Land geboren sein.

Jedes Kind wächst in dem Bauch des Menschen heran, der es zur Welt bringt, aber Eltern werden diejenigen, mit denen man zusammen aufwächst.

Aber hallo, was passiert eigentlich, wenn die Eizelle und die Samenzelle gründlich vermischt wurden? Ja also, nach einigen Wochen spricht man davon, dass es einen Fötus im Bauch gibt. Dann wächst der Fötus in der Gebärmutter und wird schließlich nach einer Weile zu einem Kind. In den ganzen neun Monaten entsteht ein Kind da drin. Anfangs ist es ein klitzekleiner Punkt bis es dann ein großes Baby wird, das einige Kilogramm schwer sein kann.

Damit das Baby groß und stark werden kann, muss es Nahrung bekommen. Die bekommt es durch die Nabelschnur.

Das ist ein Schlauch, der mit dem Mutterkuchen verbunden ist und der ist in dem schwangeren Menschen drin. Alle Menschen haben einen Bauchnabel: Das ist der Punkt, an dem die Nabelschnur mit dem Körper verwachsen war.

Wenn man ein Baby im Bauch hat, geht man mehrere Male zur Kontrolle bei Ärzt_innen, um zu untersuchen, wie es dem Baby da drinnen geht. Man kann einen Ultraschall machen und gucken, wie das Baby im Bauch aussieht. Das ist eine Art Foto und es kann ein bisschen knifflig sein, zu erkennen, was die Arme und was die Beine sind, was der Körper ist.

Wenn ungefähr neun Monate vorbei sind, kommt das Baby raus.

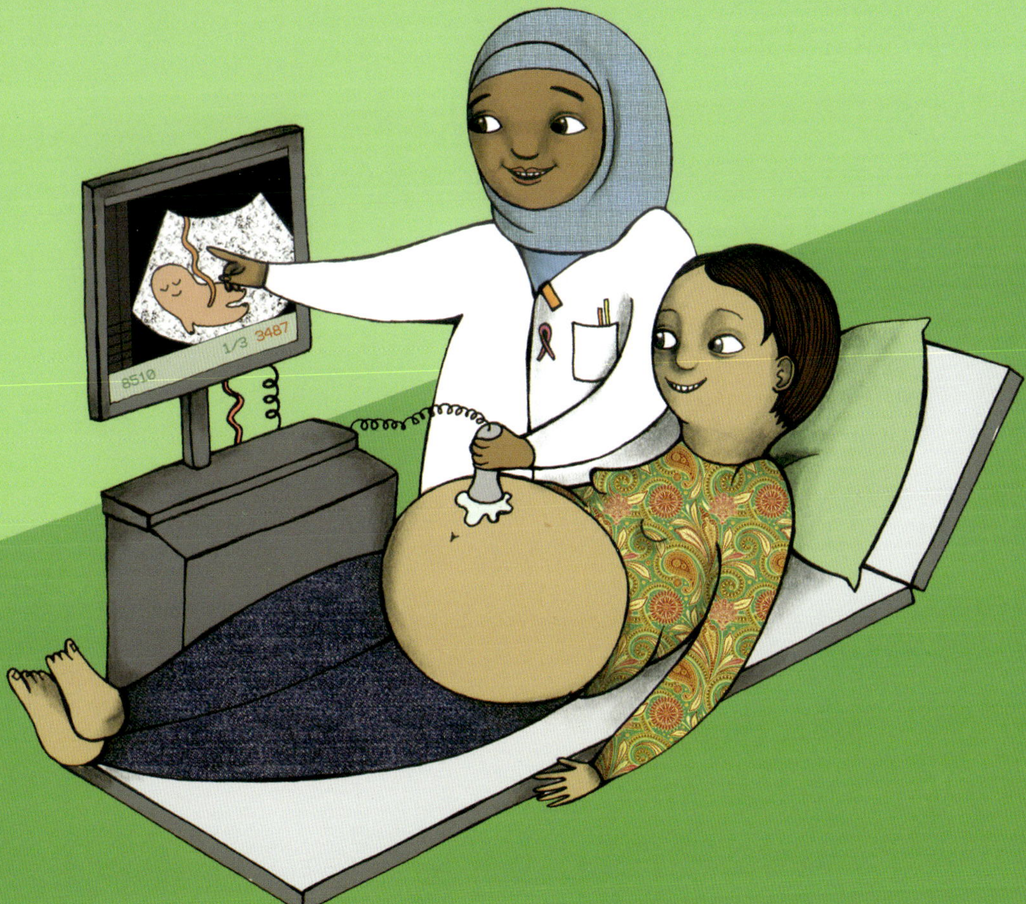

Das Baby kann durch einen Kaiserschnitt herauskommen. Das ist eine Operation, bei der Ärzt_innen das Kind aus dem Bauch nehmen und dann den Bauch mit mehreren Stichen wieder zunähen. Das Baby kann auch durch die Scheide der schwangeren Person herauskommen. Ab dem Zeitpunkt, an dem die schwangere Person spürt, dass das Baby auf dem Weg ist, kann es mehrere Stunden dauern, bis es tatsächlich herauskommt.

Wenn das Baby aus dem Bauch gekommen ist, wird es meistens gestillt. Das bedeutet, dass es Muttermilch trinkt. Das ist eine besondere Sorte Milch, die es häufig in den Brüsten von dem Menschen gibt, der das Baby auf die Welt gebracht hat.

Für die Menschen, die sich um das Baby kümmern werden, und keine eigene Muttermilch haben, gibt es Muttermilchersatz. Das ist ein Pulver, was mit Wasser gemischt wird. Diese Mischung ist dann wie Muttermilch und füttert man mit einem Fläschchen.

Kleine Babys können noch kein gewöhnliches Essen wie Pizza oder Makkaroni essen. Sie haben keine Zähne und ihr Bauch verträgt fast nichts anderes als Muttermilch und Muttermilchersatz.

Wenn das Baby ein bisschen älter geworden ist, kann es anfangen, etwas anderes als Milch zu essen.

Jetzt weißt du, wie ein Baby entstehen kann und wie Familien aussehen können.

Wie sieht deine eigene Familie aus?

Du

Edward Summanen wurde 1980 in Stockholm geboren und lebt dort mit seinem Ehemann und zwei Hunden. Er engagiert sich seit mehr als 15 Jahren für Menschenrechte im Bereich Gender. Nachdem er die Kluft zwischen echten und Kinderbuch-Familien bemerkte, entstand *Das Familienbuch*.

Johanna Arpiainen, geboren 1982 in Boras nahe Göteborg, studierte Kunstwissenschaften und arbeitet als freiberufliche Illustratorin und Künstlerin. *Das Familienbuch* ist das erste von ihr illustrierte Kinderbuch.

Eno R. Liedtke, geboren 1990, ist Sozialpädagog_in, Zeichner_in, Schreibende_r und Übersetzer_in in die eigene Sprache und Lebenswelt. Eno R. lebt mit Kind, Hund und Freund_innen in Marburg und beschäftigt sich mit diversen Lebensweisen und Identitäten in Texten, Bildern und im Leben.

Alibri Verlag

www.alibri.de
Aschaffenburg
Mitglied in der Assoziation Linker Verlage (aLiVe)

Zweite Auflage 2022

Umschlaggestaltung: Claus Sterneck
Druck und Verarbeitung: Dardedze Holografija, Riga

ISBN 978-3-86569-250-4